Jesco Daugird

DAS ECHO DER ORCHIDEEN

Ein Berlin Zyklus

Gedichte 2017

Lektorat, Korrektorat: Christian Hartschuh, Jesco Daugird
weitere Mitwirkende: Christian Hartschuh

Verlag: tredition GmbH, Hamburg

ISBN Taschenbuch: 978-3-7439-2668-4
ISBN e-Book: 978-3-7439-2669-1

INHALTSVERZEICHNIS

DAS ECHO DER ORCHIDEEN

In der Nähe der Bar,
dort wo der zähe Fluss seine Geschichte erzählt, sitze ich zwischen
den verwitterten Grabsteinen und lausche dem Echo der Orchideen.

Der klamme Nebel erhält Einzug in meine rudimentärsten
Kopfwipfel, und plötzlich bin ich wieder bei dir,
ohne dass es irgendwie weitergehen muss.

Es ist schön so wie es ist,
in all der klebrigen süssen Hässlichkeit die von uns ausgeht.

Am Ende zählt das Versprechen und das trunkene Stolpern in einen
unwirklichen Morgen, wenn die Geschichte des Flusses ruhigere
Töne anzunehmen beginnt.

Das Echo der Orchideen rauscht in meinen Ohren mit dem Blut um
die Wette und übertönt beinahe die Erinnerung an deine Stimme.

Ein trockenes Gitarrensolo.
Fuck it.
Ich werde heute Abend trinken und tanzen, dort wo der zähe Fluss
seine Geschichte erzählt.

ES RIECHT NACH REGEN

Blitze zucken über den Himmel,
um zu kurzzeitig ein diffuses Etwas zu illuminieren.

Blitze zucken durch mein Ich
und hinterlassen flüchtige Spuren im Sand meiner Seele.

Eine tiefe Leere brandet durch uns hindurch und umreisst Konturen
von morgen.

Das Stadtbild trügt nicht,
die Schatten sind kälter als zuvor.

Unser letzter Herbst empfängt mich mit Erinnerungen.

Braune Blätter tanzen zu einer Melodie,
die aus den tiefsten Ecken der verwinkelten Strassen zu mir hinüber
tropft.

Eine Melodie, die ich zu kennen scheine,
obwohl mir heute so ist, als höre ich sie zum ersten Mal.

Es riecht nach Regen
und die Wolken setzen den Gebäuden lustige Perücken auf.

Hier, mitten im Herzen der Stadt,
dort, wo die grossen Gebäude ihre hungrigen Mäuler entblössen.

Das Menschenfutter wogt über den Asphalt.

Ich treibe ziellos durch die Gegend und entdecke immer wieder
Neues.

Ich weiss, dass ich mich nicht nur an den Erinnerungen orientieren sollte. Ich weiss, dass es bald Abend wird.

An einem beliebigen China Imbiss besorge ich mir etwas zu Essen.

Danach,
wie so oft in der letzten Zeit:

Kopfhörer auf,
den Lautstärkeregler auf Maximum drehen
und hoffen, dass die Nacht mich nach Hause bringt.

FICK IM NICHTS

Im lichtlosen Tunnel erinnert mich die Begegnung mit dir an einen
Fick im Nichts. Der Bass dröhnt unaufhörlich.

Das grelle Licht, welches am Ende des Tunnels auftaucht, bedeutet
uns Beiden nicht sonderlich viel,
obwohl ich für einen Moment meinte, eine diffuse Ahnung von etwas
Anderem erkennen zu können.

Gesichtslosen Geistern gleich glitten wir durch eine glanzlose Nacht.
Am Abend davor gab es selbst gebackene Pizza und scharfen
Schnaps.
Unsere tauben Tanzbeine torkeln traumlos in Richtung eines grau
melierten Morgen. Ja Mama, ich habe meine warme Jacke
eingepackt.
Wir waren ja früher schon einmal am Meer gewesen.

Die schroffe Küste der Stadt stolpert mir unvermittelt in das
Gedächtnis und der Staub und Dreck beflügeln mich.

GENAU DORT

Hinter den Augenlidern entflammt ein luzider Traum
und verbringt seine flüchtige Existenz als diffuses Gefühl in euren
Köpfen.

Ihr habt doch Alle keine Ahnung.
Ihr wisst doch Alle nicht, auf welchem Highway Ihr unterwegs seid.
Ihr wisst einfach nicht, was der letzte Sonnenuntergang für eine
Bedeutung hatte. Das Universum spuckt Euch beleidigt auf den
Schoss.

Im Vorbeigehen kurz an den Eiern packen
und dann den Seelenballast in das Lagerfeuer schmeissen.

Es kitzelt nur ein wenig,
aber ich weiss, dass dort weitere unvergessliche Momente, wie
glühende Funken, unter der Oberfläche lodern.

Deswegen solltet Ihr den Fernseher abschalten, Euch nackt
ausziehen
und einen dicken Joint rauchen.

IM GESTERN

Ob die vergangene Nacht mich nach Hause gebracht hat, das weiss ich nicht mehr.

Eine unbarmherzige Sonne durchpflügt mein pelziges Gesicht und du lachst mich aus.

Oben ohne zeigst du mir den Stinkefinger.

Vor dem Fenster zwitschern Vögel an einem Sonntag Morgen.

Eigentlich hätte ich tatsächlich Appetit auf Croissants, aber daran war nicht zu denken.

Im Zenit unseres Chaos, inmitten rauher Klippen, durchdrungen von zu viel ...

Dorthin wo die mir bekannte Melodie nicht hin zu dringen vermochte, dorthin bist du vor einiger Zeit gegangen.

Jedes Mal erwarte ich sehnsüchtig den Moment
an dem die Stadt mich verschluckt
sobald ich das Haus verlasse und auf die Strasse trete.

In so kurzer Zeit hat sich die Stadt gedreht, und du mit ihr.

Als ich mich dem Kanal nähere begegnest du mir im Gestern.

Danach folge ich der Melodie.

KAUM HÖRBAR

Eingerissene Mundwinkel,
ein kaum hörbares Lächeln,
und der kalte Geruch einer Erinnerung
tropfen zäh zwischen meinen Fingern hindurch.

Als die kaum wahrnehmbaren Vögel vorbeiziehen.

Am diesem Abend erscheint mir die ganze Stadt höchst fragwürdig.

Durch den Park hindurch kann ich die U- Bahn schneller erreichen.

Bevor die Schatten sich dazu entscheiden einen deutlicheren Ton
anzuschlagen, der mir überhaupt nicht geheuer ist.

Ein gesichtsloser Dampf kriecht aus dem Schachtmaul der U8.

Ich entscheide mich dazu ein paar Stationen weiter zu fahren als ich
beabsichtigt habe, nur um etwas länger in dem schützenden
Untergrund zu verbringen.

An diesem Abend erscheint mir die ganze Stadt höchst fragwürdig
und ich weiss nicht ob es lediglich Konturen zwischen den Bäumen
sind oder ob es tatsächlich die Schatten sind,
die du nie sehen konntest.

Es gibt nur noch Schemen,
diese seltsamen Vögel,
diese Erinnerung und die Stadt mit ihrem trügerischen Lächeln.

Ein fieser Regen setzt ein,
der Görlitzer Park hüllt sich in Schweigen,
als der fette Sound von Kylesa mich wegspült.

SUNSET

Der letzte Rest Lippenstift am Glasrand, als ich durch den Nebel
hindurch greife, meine Finger unsichtbar auf mattem Holz.

Der letzte Rest Lippenstift als Echo,
ich inmitten von Splittern aus Nebelresten. Bestimmt komme ich zu
spät zum Abendessen.

Das Abendrot bekommt einen anderen Charakter
und ich kippe den Schnaps in groben Zügen,
welche beständig in meinen Kopfbahnhof ein und aus fahren.

Hier werde ich sein und bin es bereits, inmitten meiner Mitte,
welche beständig in der Mitte ruht.

Urplötzlich, während ich auf die U-Bahn warte, diese Frage:
Kann das alles sein?
Oder ist all dies bloss Irrsinn,

blanker Irrsinn und sonst nichts?

Kann schon sein,
ändert aber nichts daran.

Der letzte Rest Lippenstift verleiht meinem Kopfbahnhof dieses
schöne Abendrot.

In der Erinnerung an dich werde ich heute Abend... was auch immer.

ZWEI MONDE

Zwei Monde über mir, Murakami im Gepäck, Kafka am Strand,

und nach wie vor keine Erklärung für all den Stumpfsinn und
Blödsinn,
welcher euch aus den noch stumpferen, um nicht zu sagen
sinnentleerten Fressen tropft.

Schluss damit, ich bin raus aus der Nummer.

Mir genügen die zwei Monde,
welche näher an meinem Herzen liegen als die ganze Menschheit.

Das gelbliche Licht umspielt mich so zärtlich,
dass ich den ganzen Rest ziemlich schnell vergesse und in dieser Bar
einen weiteren Bunnahabhain kippe.

Die ganze Stadt versinkt in einer dreckigen Suppe aus Lügen und
frühherbstlichem Nebel.

Auf dem Weg zur U- Bahn,
Kamasi Washington im Ohr.
Mir stellen sich keine weiteren Fragen.

Habe ich nicht erst heute Morgen die Reste des gestrigen Sturmes im
Halbschlaf wahrgenommen
und in das dichte Netz meiner Träume verwoben?

In meinem Sturm hämmern harmonische Pianosalven durch die
Kopfhörer, keine U- Bahn,
flackerndes Licht.
Aus den zwei Monden sind mittlerweile Tausende geworden.

Vollkommen erschöpft falle ich in der aufkommenden Morgendämmerung in mein Bett.

EIN LÄCHELN

Ein Lächeln auf deinen Lippen, ein Schatten.

Eine wächserne Morgenröte und verschwitzte Achseln.

Knöcherne Finger,
Baumstümpfe in einem dunkelblauen Sternennetz, in Erinnerung an
den Hafen und die Nacht davor.

In eben jenem Schatten gebar ich meine Orange der Erkenntnis, kurz
bevor mich der letzte Incal nach dem Weg fragte
und ich mich achselzuckend in Luft aufzulösen begann.

Immer noch zeichnen die Raben unverständliche Schriftzeichen in
den fluoreszierenden Abendhimmel.
Der Mond hält sich raus.
Ich folge seinem Beispiel.

Du drehst dich um bevor ich dich erkenne, verschwindest im U-
Bahnschacht,
und ich weiss noch nicht wohin die Nacht mich trägt.

SEIT GERAUMER ZEIT

Eine schwarze Sonne,
die sich seit geraumer Zeit weigert unterzugehen,
scheint über dem Riesenrad
in dem ich sitze
und auf das versoffene Elend hinabblicke,
kurz bevor der diffus saure Geschmack in meinem Mund sich
tatsächlich zu Kotze materialisiert
und platschend hinabfällt.

Oberhalb dieses Zirkus
voll von eitlen Gecken und überzogenen Egos.

Dazu kaltes Licht und schlechtes Essen,
so wie es üblich ist bei derlei Veranstaltungen.

Eine schwarze Sonne,
die sich merklich schwer tut damit,das zähe Wolkenband dunkel
einzufärben.

Meine Hände stecken tief in den Hosentaschen und die Kapuze
bedeckt einen Grossteil meines Gesichtes,
als ich die kleine Kabine des Riesenrades verlasse,
um so zu tun, als ob ich an dieser abstrus lächerlichen Veranstaltung
teilnehme.

Eine Idee von Menschlichkeit, die entfernt an ranzige Butter
erinnert, umfängt mich auf dem Weg zur Bar.

Irgendwo muss es doch in diesem Scheissladen etwas Vernünftiges
zu Trinken geben. Irgendwo muss es doch eine Idee von
Menschlichkeit geben, die noch nicht verdorben ist.

Hinter dem Zirkuszelt, in dem die von Macht und Gier zerfressenen
Zombies zum Tanz gebeten haben,
beginnt der Wald.

Dort beginnt auch eine Reise.
Eine Reise, welche mich weiter weg von diesem Irrsinn führt,
hin zu etwas Neuem, was nur besser sein kann als das, was ihr Alltag
nennt.

ABSCHIEDSKUSS

Es war dieses undefinierbare Verzweifeln in deinem schalen Blick,
dass mich völlig aus der Bahn brachte.

Die genau richtigen Versprechen zum perfekt falschen Zeitpunkt.
Um eine Uhrzeit, von der wir beide wussten,
dass sie den Übergang zwischen der Nachtwelt und der Tagwelt
darstellte.

Dein Abschiedskuss,
sich auflösend in dem bedeutungslosen heissen Dampf der um diese
Uhrzeit aus dem U- Bahn Schacht stieg.

Ganz verwaschen züngelte sich das Kopfsteinpflaster Richtung
Zuhause und ich brauchte nur dem Regen zu folgen.

Ich konnte dir in dem Moment nicht sagen wo wir uns befanden.

Es war immer an dir gewesen uns zu verorten. Dein innerer Kompass
war exakt ausgerichtet.

Die Nadel immer auf Anschlag, sich ziellos im Kreis drehend.

Die Nadel immer exakt auf der richtigen Rille,
wenn das trockene Schlagzeug von Yo La Tango einsetzt.

IM TREPPENHAUS

Kurz und heftig,
langatmig und schwermütig,
ohne Zucker,
voll von somnambul nebulöser Intensität,
so begegnet mir die Erinnerung an dich im frühmorgendlichen
Treppenhaus.

Kurz danach verschwindest du,
ebenso flüchtig wie der Flügelschlag der Krähen in den Bäumen vor
dem Haus.

Hier zwischen den Gebäuden scheint der Regen eine grauere Farbe
anzunehmen und betont unbewusst bizarr mein Gefühl dieser nicht
greifbaren Zwischenwelt, in welcher wir uns nach dem letzten Kuss
verloren hatten.

Im Schlaf habe ich mich selbst erkannt.

Dieser Beat trägt mich allmählich davon,
bringt mich dorthin, wohin wir gemeinsam nicht zu reisen imstande
gewesen waren, und verschluckt mich wohlwollend.

Vor der Wohnungstür höre ich ein Kratzen.
Entweder ist es dein Schatten oder es sind die Ratten.

Beide haben den Plan mich zu holen,
aber ich bin noch nicht bereit, den Topf vom Herd zu nehmen.

In meiner Suppe fehlen noch so einige Gewürznuancen.
Zum Beispiel diese seltenen Pfefferkörner von unentdeckten
Planeten.

GANZ UMSONST

Ganz umsonst bekommst du hier nichts,
du musst zumindest deine Seele an der Rezeption hinterlassen bevor
dich die dicke Puffmutter in die kuscheligen Gefilde geleitet.

Missbilligende Blicke und gebrauchte Träume landen in dem selben
Wäscheeimer, wie auch die vollgewichsten Ideen eurer billigen
Zukunft.

Ich kann mich glücklich schätzen.
Ich habe kein Interesse mehr an diesem diffusen Rot.

Eine Küste,
grauer Nebel,
ein sehr kleines Boot, welches mich zu dieser Insel bringt, das ist,
was momentan zählt.

Erst als ich die Füsse in das nächtliche Meer tauche, spüre ich
annähernd ein Gefühl von Abkühlung.
Dieses Gefühl bleibt nicht.

Plötzlich verschwindet fast alles, und die Puffmutter ruft zum Essen.

Plötzlich verschwindet fast alles, auch ich.

GROBKÖRNIG UND UNMERKLICH

Grobkörnig und unmerklich kristallisiert sich dieses Gefühl. Zaghaft und voll winterlicher Schatten zieht die Erinnerung an uns vorbei.

Der letzte Spaziergang tropft ein spätes Licht durch all die Hektik hindurch und tätowiert mir Muster in die Seele.

In dieser Stadt, welche mich in all ihrer beklemmenden Ignoranz so sehr an den Rest des Planeten erinnert.

Dennoch brauche ich diese gewisse Portion Hässlichkeit um frei atmen zu können, am Rande von Abgründen, Beton und Scheisse.

Dort, wohin ich gestern verschwunden bin, werde ich heute Abend wieder Zuflucht suchen.

Diese winterlichen Schatten versprechen mir nichts,
was ich nicht schon zuvor aus versoffenen und von Lippenstift verschmierten Mündern gehört habe.

Dennoch sind es genau diese Schatten und ihre präzise kalte Temperatur, welche Kante ins Dasein bringen.

Am Abend beginnt der Schnee in Regen überzugehen. Ich setze mir meine Mütze auf.

Heute komme ich mir selbst ein wenig wie die allzu müden Häuser vor, mit ihren lustigen Perücken aus Wolken.

Grobkörnig und unmerklich drifte ich durch die Stadt und ihren komplexen Zwischenraum, in dem ich mich Nacht für Nacht verlieren könnte.

PASS AUF

Es war ein kurzer Schnitt,
ein kalter Morgen,
und kaum etwas dazwischen,
was uns jetzt noch zu trennen vermochte.

Es war nur eine Ahnung dessen was noch bevor stand.
Der schale Geruch von Kippen und schmutzigen, spärlich
beleuchteten Zimmern, in denen wir selbst unsere eigenen Nutten
waren.

Viel mehr brauchte ich nicht um klar zu kommen.

Wenn du mir die Seele aus dem Schwanz bliest
dann konnte ich dein Parfum kaum ertragen,
dann brach die zögernde Dämmerung mit jeder Sekunde von Neuem
an.

Diese kalten Morgen waren in ihrer behutsamen Behäbigkeit in der
Lage mir die Intensität menschlicher Zwischentöne beizubringen.

Schrill, manchmal langsam, manchmal schmerzlich schnell, und all
zu oft kaum hörbar, im somnabulösen Sog unseres verstörenden
Stadtviertels.

Hässlich hast du mir deine wahre Schönheit ins Gesicht geklatscht.
Das war ja genau das was ich wollte.

Trotzdem gibt es diesen einen Punkt an den man nur alleine gehen
kann, ganz ganz tief unten,
irgendwo in den eigenen Eingeweiden.

Wenn man die Entscheidung trifft, sich auf den Weg zu machen, dann immer mit dem Bewusstsein, dass es viele Kurven und höchstwahrscheinlich auch Glatteis geben wird.

Also, pass auf!

NICHTS MEHR

Danach kam nichts mehr.
Allein stand ich in diesem mir fremden Garten.

Dein Geruch umfing mich mit ungeahnter Präsenz.
Meine Tränen entbehrten jeglicher Salzigkeit
und trockneten bereits auf dem Weg hin zu eben jenem Erdboden
welcher diesem Garten seinen Charakter verlieh.

Das Tor war lediglich angelehnt und verlieh der Szenerie einen
morbiden Charme, welcher mir beinah den Atem raubte.

Dein weißes Gewand, welches du abgelegt hattest bevor Du in den
See sprangst, hing noch über der Mauer.

Danach kam nichts mehr,
und die Raben singen den schwarzen Blues.

DAS BLUTENDE HERZ DER STADT

In Form einer Silhouette,
blass und nicht greifbar,
erinnert sich das Vergessen an sich selbst.

Der Zorn stolpert
über die glühenden Lavabrocken. Richtung Sunset.

Am Grund der Talsohle
erkenne ich schemenhaft die Lichter
des Molochs in welchem ich hoffe
Erlösung zu finden.
Tief unten in der Talsohle,
unter dem erdrückenden Rauch der Fabriken und den falschen
Versprechungen der Nutten.

Aber dorthin begebe ich mich erst gar nicht,
denn ich weiß, dass ich den Chimären nur aus dem Weg gehen kann,
wenn ich das blutende Herz der Stadt meide.

Ich schlucke einen der kleineren Lavabrocken hinunter,
und stolpere die steile Anhöhe hinab,
bin mir nicht sicher, ob das schwache Glimmen zwischen den
Türmen der Innenstadt echt ist.

Das Vergessen tippt mir leichtfertig auf die Schulter.
Ob ich denn jemals wirklich gedacht hätte, dass es echt ist, möchte es
von mir wissen.

Das Vergessen ignorierend,
mit der Lava im Herzen, mache ich mich auf den Weg zu Dir.

EIN GEFÜHL VON RUHE

Der tiefe Bass massiert mir wohlig die Eier
während das Gewitter die Hochhauskulisse vor dem Fenster
illustriert.

Heute nicht, oder?

Die Band packt ihr Equipment zusammen, die Gäste leeren ihre
Drinks.

Die Party ist zu Ende.
Ich bin noch lange nicht am Ende.

Den Weihnachtsmann habt ihr Euch doch auch bloß ausgedacht. Der
ganze Gestank treibt mich in den Wahnsinn.

Der tiefe Bass massiert mir wohlig die Eier.
Mit dem Glas in der einen und meinem Schwanz in der anderen
Hand, pisse ich zwanzig Stockwerke hinab,
auf Euch und all Eure verlogenen Ambitionen.

Ignorant dem Moment gegenüber rennt Ihr durch das Geschehen.
Ich verspüre keinen Hass, nur ein Gefühl von Ruhe.

MONK

Thelonious Monk. Die Faust im Herzen. Ich bin auf dem Weg.

Die Wahrsagerin im Souterrain dieses heruntergekommenen
Mietshauses legt dieselben Tarotkarten seit über zwanzig Jahren.

Brüste mit Falten übersät,
versuchen mir mein Schicksal zu deuten.

Im Strudel einer nicht enden wollenden Wolllust leere ich mein Glas
in der kleinen Bar nicht einmal zwei Blocks von Madame Mihai's
Salon entfernt.

Ich glaube eigentlich nicht an all den Quatsch.
Der brennende Gaukler auf dem Weg in die Sümpfe ist mir auch
schon ohne Tarot begegnet.

Das Piano von Monk rückt in den Hintergrund.
Ich realisiere, daß ich völlig betrunken bin und beschließe etwas
frische Luft zu schnappen.

Müde räkelt sich der Dampf über den U-Bahn Schächten eines
erwachenden Manhattans. Ich bemerke viel zu abrupt, daß der
Gaukler nicht länger auf dem Weg in die Sümpfe ist, sondern seit
geraumer Zeit neben mir steht und versucht mir etwas zu sagen.

Ich ignoriere ihn und torkele die Stufen zur U-Bahn hinab, 46th and
Broadway.

DIE LETZTE KERZE

Wenn die letzte Kerze
den wimmernden Schatten zurückwirft,
dann rieche ich für einen kurzen Moment die Umrisse eines geilen
Arsches kurz bevor...

Die Versatzstücke eures Universums
haben sich in Form sonorer Tropfen mit dem Wind vereint.

Die Bettdecke wärmt.
Ein Wind, der dem eures Universums gleicht,
umspielt die dünnen Lehmwände dieser Behausung
in den namenlosen Bergen in welchen ich mich zur Zeit befinde.

Die Planeten tragen keine Kostüme mehr
und der wimmernde Schatten verrät mir zunehmend mehr von
seinen obskur anmutenden Geheimnissen.

Während Regentropfen an meinem Schlafzimmerfenster hinab
tropfen, tropfe ich enttäuscht in meine Boxershorts.
Hinter den Wolken zeichnen sich die schroffen Konturen der Berge
ab.

Dorthin muss ich gelangen um jeden Preis, müde oder wach,
satt oder hungrig,
stoned oder drunk,

pissed oder wasted,
mit oder ohne dich.
Sonne Mond und Sterne,
ohne Kostüm und mit dem einzigen Gesicht welches meinem Ich am
nächsten kommt.

Die Wolken zeichnen eine Spur ins Nichts als ich mit meinem Gepäck das provisorische Nest verlasse und Richtung Ungefähr stolpere.

PLÖTZLICH WAR ALLES LEER

Gestern Nacht war plötzlich alles leer.
Der lächelnde Typ an der Hotelrezeption zeigte mit seinem Finger ins
Nichts.

Jetzt weiss ich dass die Kakerlaken und ich alleine in diesem Haus
sind. Somit bleibt uns nichts als uns einander festzuhalten,
in der Hoffnung, dass niemand die Sonne aufgegessen hat.

Kommst du mit?
Weisst du wohin es geht?

Viele schwarze Vögel kreisen in dem müden Himmel hinter Aldi.
Viele schemenhafte Menschenskulpturen taumeln ziellos den
dampfenden Mäulern der U- Bahnen entgegen
um ihre Seele in den nächstbesten Mülleimer zu werfen.

Ich reite auf meiner Lieblingskakerlake Richtung Sonnenuntergang.
Die schwarzen Vögel begleiten uns.

Ob Sonne oder Mond-
entscheidend ist ob man akkurat auf Kante gebürstet ist.

WER HAT AN DER UHR GEDREHT?

Wenn der Gedankenanzug zerknittert
und ich vor lauter lauter aus dem geistigen Pyjama steige, dann hat
eindeutig jemand an der Uhr gedreht.

Wenn mein inneres Eselsohr nicht mehr richtig zuzuhören vermag,
dann kann man es knicken.

Das Licht erlischt und ich bleibe noch einen Moment an dem wunden
Tisch sitzen.

Im kalten Atem der verbleibenden Kerze fängt mein Ich
unausstehlich zu jucken an, als der Planet unvermittelt implodiert.

Krampfartig gebäre ich Gewissheit und verschmiere diese an den
zitternden Wänden der Wohnung.

Mit nackten Händen und viel zu kalten Füssen.

Kurz vor dem Morgengrauen gehe ich pissen,
schlafen kann ich jetzt ohnehin nicht mehr.
Jetzt, wo ich weiss, dass du nicht mehr wiederkommen wirst.

NEUE ORTE

Du hast mir mit Sandpapier die Seele poliert.

Ausgehöhlte Hochhäuser wirken wie urbane Skelette deren Knochen
Nadeln gleich in den Himmel ragen.

Die Vögel, welche durch die Wolken schwimmen, singen dasselbe
Lied wie ich heute morgen unter der Dusche.

Eine leichte Beklommenheit bereitet mir wohlige Schauer
und ich versuche mit der nächsten U- Bahn dem gemeinen
Nieselregen zu entkommen.

Erfüllt von einer ziemlich starken Verwunderung ziehe ich meine
Runden durch die Stadt und gelange immer wieder an neue Orte.

Der bleigraue Himmel zieht seine Schlieren mit Gespensterfingern
durch mich hindurch und hinterlässt eine Facette aus gefühlten
Farben.

Kopfhörer auf und den Lautstärkeregler auf Maximum ziehen.

HINTER DER NÄCHSTEN TÜR

Hinter der nächsten Tür.
Plötzlich die Faust im Solar Plexus, aber klar im Vorteil,
weil nichts zu verlieren.

Hinter der nächsten Kurve,
dort, wo der Abgrund sich auftut, und die Angst dich am Nacken
packt, dort kannst du ansetzen.

Die Lichter beginnen allmählich zu funkeln
als die Dämmerung ihre Decke über die Stadt breitet.

Ich weiss um das Geheimnis und teile mir den letzten Shot Lagavulin
mit dem Mond.

HINTER UNS

Es war nur ein kurzer Impuls.
Ein leichtes Spiel deiner Augenbrauen
und einen Moment später waren wir bereits unterwegs.

Das Meer hinter uns. Von Sternen keine Spur.

Die Wellen der Zeit glichen deiner Mimik am Morgen. Auf einer
Strasse die mir wie weisses Rauschen vorkam.

Zunächst erschien es mir schwierig, aber es wurde immer leichter.

Dann kamen die Tage an denen wir Schneeflocken mit unseren
offenen Mündern auffingen.

DIESE IDEE

Hinter dem Unvermögen die Zeit anzuhalten liegt das Versprechen
das du mir gegeben hast.

Mit Gleichmut betrachte ich den Highway.
Von der Brücke aus, welche denselben überspannt, inmitten des
immergrünen Waldes.

Dieses immerwährende Gefühl zieht sich von der Arschritze meine
komplette Wirbelsäule hinauf
bis an die Gestade meines Cortex.

Lichtlose Lappalien beschäftigen den Rest der lapidaren Gesellschaft.

Ich halte mich dezent zurück,
weiss um das Geheimnis,
teile mir den letzten Shot Lagavulin mit dem Mond,
und spucke hinab auf das, was eventuell darunter verborgen liegt.

Ignorant und beseelt steuere ich in Richtung Stadtrand.

Nur deshalb konntest du dir sicher sein dass meine Dämonen nicht
zum Kaffee bleiben würden.

Nur deshalb gab es diese Idee. Du nanntest sie Zukunft.

LAPISLAZULI

Den ganzen Tag in der Knochenmühle geackert, der kalte Schweiss
der letzten Jahre.

Es gab immer mehr Tage an denen ich gar nicht mehr aufstehen
konnte.

Das war bevor unsere Stadt unter Wasser gesetzt wurde,
in den Tagen bevor die lapislazulifarbene Welle über uns
hereinbrach.

Ich setzte mich oft nach der Arbeit auf den ersten Drink zu den
Schatten unten am Fluss.

Dort hatte ich meine Ruhe.

Ich war mir durchaus bewusst, dass die Welle auch mich im Inneren
überspült hatte.

Trotzdem bleibt meine Liebe für diese Stadt ungebrochen. Unter
Wasser birgt sie einen neuen Reiz.

Erst jetzt weiss ich meine Anstrengungen, den ersten Drink und die
Stadt der Schatten wirklich zu schätzen.

BASTARD

Zwischen meinen Fingern eine Ahnung von Gestern.
Der Mond wird plötzlich sichtbar zwischen den verschneiten Bergen.

Dazwischen rieche ich brennendes Holz und matt glänzende
Traumfetzen. Ich versuche, der beklemmenden Idee zu entkommen.

Dennoch kann ich die Tatsache nicht ignorieren, dass der Bastard
zurückgekehrt ist.

Mir doch egal.
Ich werde unbeirrt durch meinen Schleier hindurch in Richtung
eines weiteren Traumes stolpern.

Der Geruch des Holzes vermischt sich mit der klaren kalten Luft und
bringt weder mir noch irgendjemand anderem Trost.

Dennoch bin ich kaum irritiert, geschweige denn verängstigt. Ich
freue mich beinahe auf unsere Begegnung.

Der Tonfall des Mondes fühlt sich in meinen Ohren wie trockenes
Brot an
als er mir die Geschichte von der Kindheit dieser unbarmherzigen
Kreatur erzählt.

Danach habe ich erst recht keine Empathie mehr, zerschlage die
halbleere Flasche,
und schlitze mir die Kehle auf.

DAS BLAUE LICHT

Der Rest des Meeres wabert noch
und endlich haben wir uns wiedergefunden,
nachdem deine Verwirrung die Meinige wurde und deine
Abwesenheit für mich eine tiefe Spur in einem zeitlosen Sand war.

Diese Zeit haben wir hinter uns gebracht.
Möwen sind unsere Begleiter auf dieser Fähre zur Insel.
Die Berge habe ich hinter mir gelassen,
dich wiedergefunden,
und mit dir den Plan mit Poseidon wieder ins Rennen gebracht.

Plötzlich standest du vor mir,
schöner als jemals zuvor,
nahmst mich in den Arm,
und ich wusste, gemeinsam können wir Poseidon von unseren Ideen
erzählen, wenn das blaue Licht unsere Verbundenheit illustriert.

ALASKA ODER MARS

Kurz bevor sich der letzte Gedanke zusammen mit dem Rest von mir
hinter der nächstbesten Kurve in Richtung der Berge verflüchtigte
meinte ich das Meer zu riechen.
Eingeengt in mir und viel zu weit entfernt von eben jenem
Sternenhimmel welcher ebenfalls auf dem Weg in Richtung der
Berge zu sein schien.

Kurze Zeit später waren wir bereits am Flughafen.
Deine eiskalte Art war mir in diesem Moment tatsächlich egal.

Ob Alaska oder Mars
war zunächst nicht so wichtig.
Ich wollte einfach nur sicher sein dass die Menschheit möglichst
schnell verrottet.

Der letzte Gedanke zählte.

Ob du oder ich Teil der Menschheit sind kann ich dir nicht
beantworten. Zumindest versuche ich mich von all den eiternden
Geschwüren fernzuhalten welche mich mit ihrem penetranten
Gestank zu umgeben drohen.

Ich halte mich an den Sternenhimmel.
Zusammen machen wir uns auf den Weg in Richtung der Berge.
Mich hat schon immer interessiert was hinter der nächstbesten
Kurve liegen mag.

Ich meine tatsächlich eine Spur von Trauer oder Melancholie in
deinen Zügen zu entdecken als ich dich am Terminal stehen lasse.

EINE STADT, EIN SOUND

Verschiedene Farben,
in den schlichten Tönen eines guten Blues,
mit dem Geruch von Whiskey und dem Geschmack von genau
diesem Moment.

Als ich die Treppen der U-Bahn emporsteige,
und die Musik nicht laut genug aus den Kopfhörern dröhnt, gibt mir
die Welt ganz kurz eine Realitätsklatsche.

Ich kotze das ganze schlechte Gefühl in den nächstbesten Mülleimer.
Die Jannowitzbrücke verschwindet allmählich im Nebel hinter mir.

Gib mir mehr davon, den Maximum- Blues, den ganz tiefen Bass, die
ganze Gitarre,

viel Schlagzeug,
und eine Stadt die mich piesackt.

Eine Stadt,
ein Sound,
und ein verschissener Albtraum an jeder nächstbesten Ecke.

AUF'S MAUL

Ich hatte das Gefühl noch nicht fest genug auf's Maul bekommen zu haben, obwohl ich gar nicht auf Schmerzen stand.

Die Blitze, dieser schwarze Himmel und das wabernde Licht im Innenraum der kleinen Tankstelle konnten mich beruhigen, während mir das Blut am Kinn hinabtropfte.

Der Bastard war entkommen und im Spiegel blieb nur ich zurück, das einzige Hindernis auf dem Weg zur Erkenntnis.

Kleine einzelne Tropfen bildeten ein Muster auf dem Boden. Ich sah mich im Spiegel und verliess den Raum.

Draussen war es heute besonders kalt,
kurze intensive Blitze erhellten die Landschaft nur kurz.

Warum ich dieses Gefühl hatte,
das es besser für mich wäre endlich mal wieder eine richtige Abreibung zu kriegen weiss ich nicht.

Aber das nächste Mal seid ihr dran.

ZAHNFEE

Du glaubst doch noch an die Zahnfee.
Wenn das letzte Licht hinter dem Skelettfelsen verglüht.

Wenn du dich unter Schmerzen im Nullpunkt windest
und der purpurfarbene Strudel deine Richtung bestimmt.

Ich glaube für einen kurzen Moment den Rand der Wüste zu
erkennen. Ich presse mein Ohr an die Kakteen und höre zu.

Das sonore Murmeln des Urstroms illustriert das Gefühl welches
mich umgibt als ich den Liquor Store betrete.

Ich erahne deine nackten Füße auf dem Asphalt
und weiß nicht ob ich mich noch einmal umdrehen soll.

Ich habe noch an unsere Zahnfee geglaubt,
als du mir beigebracht hast, was es heißt, Staub zu schlucken. Im
Angesicht einer Sphinx die nur Lügen feil bietet.

Die Sonne zerfließt zu einer diffusen Erinnerung. Vielleicht finde ich
weiter im Norden eine Ahnung von Dir.

EWIG

Kurz kratzte es in meinem Hirn und einen kurzen Moment später das selbe Geräusch an der Tür.
Niemand im Kopf und niemand vor der Tür.
Beruhigt schlief ich wieder ein um meine Konversation mit den jahrtausendealten Schlangendämonen fortzusetzen.

Der Kopf sitzt völlig gefangen inmitten dieser kalten Stadt in einem noch kälteren Keller. Der Frost setzt ein und die letzten Gedanken zucken erbärmlich.
So hätte es ewig weitergehen können.
Im Koma einer immerwährenden Eiszeit wäre uns allen ein Gefallen getan wenn einfach nichts mehr passieren würde.

Die Menschheit hätte es auf jeden Fall verdient.
In eben jenem Moment war ich noch nicht bereit den Plan so einfach über Bord zu werfen. Ich entzündete das Fegefeuer, machte mir noch etwas Chili sin Carne vom Vorabend warm und verspeiste es mit Genuss,
sattelte wieder einmal den Nordstern und verschwand hinter der bereits bekannten nächsten Kurve.

EIN VERSCHWITZTER TRAUM

Wenn der Theatersaal erloschen ist
und dein Gesicht nicht mehr brennt,
dann kann ich mir sicher sein dass der Derwisch unsere Geheimnisse
nicht verraten wird.

Habe ich tatsächlich gesehen wie du das Theater verlassen hast?

Als der Theatersaal erloschen ist dachte ich für einen kurzen Moment
die Flammen in deiner Mimik deuten zu können.
Bevor der nächste Windstoß den Irrsinn nur noch betonte.
Danach kam lange nichts.

Diesen verschwitzten Traum trage ich nun schon eine Weile mit mir
durch die Gänge meines Ichs.

Ich möchte mich so gerne wieder an das Gefühl erinnern, wie es sich
anfühlte aus deinen Träumen zu erwachen.

Es war völlig gleichgültig ob die Wüste regnete oder ob der Mond in
deinen Augen unterging.

Zu irgend einem Zeitpunkt dieses Traumes stehe ich immer wieder
allein in dem Theatersaal und lausche dem Wind.

Als ich deinen Handabdruck auf dem kleinen Spiegel neben der
Eingangspforte entdecke beginne ich zu rennen.

FRÜHLING

Wenn das milchige Licht sich nicht mehr allzu zögernd in den
Strassenlaternen verfängt und die Schwärze sich auswäscht,
dann ändert sich die Jahreszeit.

Der Sound der Vögel ist zurückgekehrt.
Ein sich müde räkelndes Ich kann diesen Sound wunderbar mit dem
Jazz im Kopf in Einklang bringen.

Wenn John Coltranes „Blue Train" den Kopfbahnhof verlässt
und eine erneute Reise mit mir durch eine erwachende Stadt
unternimmt.

Die Mäuler der U-Bahnschächte beginnen allmählich zu grinsen,
verschlucken aber nach wie vor das Menschenfutter nur allzu gierig.

Im Sonnenschein sieht das alles jedoch bedeutend lustiger aus.

Ich bin in einer völlig neuen Stadt
und schäle mein Gehirn aus seiner veralteten Winterschlangenhaut.

Ich lege mein Ohr auf den eiskalten Beton und höre zu.

Ich höre Gemurmel in tausend verschiedenen unterirdischen
Sprachen. Diese Stadt umspült mich mit ihrem kalten
unbarmherzigen Licht.

Häßlich und viel zu schnell, könnte es schöner nicht sein.

Dieses leichte Zwicken im Nacken.
Dort wo der seltsam anmutende Storch bei meiner Geburt fest
zugebissen hat. Genau dieses Gefühl vermag der Frühling zu
illuminieren.

DUNKLE AUGEN

Im verkrusteten Narbengewebe der Strassen kann ich mich
unbemerkt bewegen
und immer wieder unschuldig untergehen.

Im Kopf nach wie vor dieselbe Melodie
die unter Wasser genau so absurd klingt wie am Tag deiner Geburt.

In letzter Zeit war ich mir jedoch nicht sicher ob es diesen Tag jemals
gegeben hat.

Dein blasses Gesicht als du die fettigen Pommes in dem kleinen
Imbiss an den S- Bahn Bögen gefuttert hast.

Es waren die Tage gewesen in denen du die Kunst des Verschwindens
perfektioniertest. Dunkle Augen und eine tief hinabgezogene Kapuze.
Dosenbier und ein schwimmender Zustand zwischen Ankunft und
Abfahrt.
Von dir weg konnte mich in diesem Moment nur PJ Harvey's Stimme
bringen. Zwischen den S- Bahn Gleisen und der kommenden Nacht
verbirgt sich die Stadt

und wartet auf einen neuen Morgen.
Gut zu wissen dass wir Beide dasselbe tun.
Ein gelblicher Schleier verkündet zögerlich diesen Morgen.

Die ersten Gestalten kehren aus der Nacht zurück, während andere
verständlicherweise grimmig im grauen
Alltagstrott dahin marschieren.

Da ist sie wieder,
diese Melodie und sie erinnert mich an den Geschmack deiner
Lippen und an das Licht über dem Engelbecken.

JEDERZEIT

Ein fieser Schurke und ein Superheld
sitzen mit mir zusammen in dem Spielsalon unweit vom Südstern.

Dieselben schwarzen Vögel welche über dem Himmel hinter Aldi
kreisen picken jetzt unaufhörlich in meinem Hirn herum.

Ich beschliesse, den ganzen Ärger runterzuschlucken und dem
Zweifel fest in die Eier zu treten.

Eine versöhnliche Sonne scheint durch den dünnen Türspalt und
Renate serviert noch eine Runde Kurze.

Eigentlich weiss ich gar nicht wie ich hierher gekommen bin,
aber ich bin mir sicher, dass dies ein neuer Tag für Superhelden ist
und dass es den ganzen fiesen Schurken endlich einmal an den
Kragen geht.

Also verlasse ich dieses miese kleine Loch,
trete in eine sich verschlafen räkelnde Morgensonne und entscheide
mich dafür, die Stadt zunächst nicht zu verlassen.

Wenn die Schuldeneintreiber kommen um meine Seele zu pfänden,
dann kann es mir egal sein,
denn der Teufel hat mir gestern seine Handynummer dagelassen.

Er hat mir versichert, ich könne ihn jederzeit anrufen. Und genau das
werde ich auch tun.

GERONTO PARK

Wenn im Geronto Park mal wieder alle am Rad drehen
und mir die vom White Russian zerfressenen Zähne aus der
Hackfresse purzeln
dann tanzen die Zombies vor der brennenden Skyline von San Diego
Twist.

Seit Tagen schon ist meinen Emotionen so dermassen schlecht daß
nicht einmal mehr kotzen hilft.

Das Flugzeug in dem ich sitze ist schon seit ich denken kann
abgestürzt.

Denken war noch nie eine meiner Stärken.

Han Solo ist bereits tot.

Ich kann mich nicht genau daran erinnern an wen mich der kleine
Junge in dem gelben Regenmantel erinnert.

Fasziniert beobachte ich ihn dabei wie er in den schillernden Pfützen
spielt.

An einem Tag der den Regen erfunden hat.

In verschiedenen Städten passieren die Dinge zur selben Zeit
und ich erfinde mich neu.

Herbstlaub und Palmen.
Schnaps und Träume.
Gestern und Heute.

Irgendwie komme ich nicht klar mit dem fischigen Geruch der aus euren Gedanken sifft und droht die ruhige Atmosphäre dieses lichtdurchfluteten Nachmittages zu vergiften.

Alles stinkt.
Selbst Du.

Aber was kümmert mich der ganze Dreck.

Schliesslich besitze ich den Schlüssel zu dieser kleinen Wohnung im Norden der Stadt wo ein weiches Bett und ein dicker Beutel Weed auf mich warten.

Bevor ich mich hinhaue werde ich diese eine Platte von Pelican auflegen.
Die mit dem roten Cover.

UNTER DER OBERFLÄCHE

Ein verschlissenes Gesicht,
hinter Splittern von Fensterglas versteckt,
die aus den zu Staub zerfallenen Häusern stammen.

Eines dieser Häuser habe ich am Ende meiner Kindheit verlassen
und danach nur noch in benutzten Träumen übernachtet.

Eine raue Oberfläche, über die meine Finger gleiten,
erinnert mich an Täler und Hügel jener Stadt die im
spätnachmittäglichen Herbstlicht besonders bezaubernd erscheint.

Kurz nachdem dieses Gesicht mich eindringlich anschaut
verschwindet es im Narbengewebe der Strassen.

Dann beginnt es zu regnen.
Kurz und heftig.
Schwarz und stechend dringt mir der Geruch der verkauften Träume
in die Nase.

Gestern Abend gab es noch ein warmes Lächeln zum Nachtisch.
Dann, in der Nacht, fiel die Temperatur stark ab und als ich kurz
pissen war roch es auf dem dunklen Flur bereits nach Regen.

Heute wird der Regen kaum enden.
Es fehlt ihm an Diskretion zum richtigen Zeitpunkt einfach mal die
Schnauze zu halten.

Deswegen weiss ich ihn um so mehr zu schätzen.
In all seiner kindlichen Direktheit erinnert er mich an dich und an
die ausgewaschenen kalten Strassen.

Heute habe ich den Kern des Geheimnisses frei gelutscht
und das bittere Fruchtfleisch auf den Asphalt gespuckt.

Als ich knietief in der Stadt versinke zauberst du mir ein entrücktes
Lächeln auf die Lippen.

Ich tanze eine Reihe von verbotenen Zeichen in den Abendhimmel.

VON HIER AUS

Nach den heissen Nächten endlich mal raus hier.
Sowohl im Herzen als auch im Kopf.

Dahinter liegt die Stadt ebenso verlassen
wie ich mich an dem Abend des letzten Sommergewitters gefühlt
habe.

Und die mordlustigen Hunde zerfleischen sich selbst im Angesicht
unseres kollektiven Albtraums.
Mein müdes Ich spricht heute Abend eine gänzlich andere Sprache.

Ich taumel durch diese abstruse Szenerie beseelt von dem
beklemmenden Gefühl von Niemandem mehr verstanden zu werden.
Losgelöst von Euren Zwängen und Vorstellungen.

Von hier aus kann ich das gelbliche Licht auf den Müllkippen der
Vororte sehen und die Blitze im nachtschwangeren Himmel.
Dazu erzählen mir die Raben ihre Geschichte.

Ich bin fast zu müde um zuzuhören,
genieße dennoch den ruhigen Fluß Ihrer Erzählung.

Hier an diesem Ort, wo die Hunde und die Raben das Innerste
entkernen.
Hier an diesem Ort, wo die Wahrheit nur eine weitere, bescheuerte
Idee ist.

Kann dieses Licht Dinge hervor bringen die sonst unwiederbringlich
auf den Müllkippen verrotten würden?
Tun die Blitze ihr Übriges?

Die räudigen Hunde geben mir keine Antwort aber ich spreche ja auch nicht ihre Sprache.

ARSCHBACKENBLUES

Der tote Skorpion lächelt mich müde an
als ich die rostige Karre hinterm Haus parke.

Hier in den verstaubten Vororten dieser langsam erkaltenden Stadt.

Nur hier lodert noch ein Feuer
welches sich jeglicher Idee von Gentrifizierung entzieht.

Da kriege ich erst recht den Arschbackenblues,
bei all diesem selbstverliebten omnipräsenten Blabla.

Der tote Skorpion und sein unsterbliches Lächeln
illustrieren einen sterbenden Sonnenuntergang
und es riecht angenehm nach Sommer.

Hier am Rand der Stadt,
hier wo all eure scheinbar bedeutenden Ideen nur Staubflocken sind
die sich mannigfaltig in einer rostroten Sonne reflektieren.

Dein Lächeln begleitet mich,
egal ob unter den S- Bahn Bögen oder zwischen den zarten Ähren auf
unzähligen Feldern.

Egal ob tief in der Stadt oder ganz weit draussen
was zählt sind die Zwischentöne,
das Zwitschern der Vögel und das schrille Quietschen im Kopf.

Der Kontrast definiert diese Schönheit welche den Motor schmiert.

DER LETZTE KUSS

In dieser Nacht sind es kalte Sirenen die mich wachhalten.
In dieser Nacht stellt mir der Wind keine Fragen
sondern macht einfach sein Ding.

Die kalten Sirenen passen ganz gut zu den kalten Träumen der
letzten Zeit.
Ihre Textur und ihre beklemmenden Gefühlsschichten fügen sich
geschmeidig ineinander
vor dem Hintergrund der schemenhaften Gebäude.

Dein letzter zarter Kuss schwebt körperlos durch meine verletzte
Erinnerung.

Dein Abschiedsblick schneidet eine tiefe Kerbe in den Abendhimmel.

Jetzt brauche ich ein schnelles Schlagzeug dringender denn je,
in dieser Nacht.

Jetzt brauche ich diese Nacht dringender denn je,
hier wo die kalten Sirenen mich wach halten,
in Einklang mit dieser Melodie welche tief aus dem Innersten meiner
Stadt hinaus dringt.

Ich habe dich schon immer vermisst,
besonders als der warme Sommerregen dein Gesicht vor meinem
beinahe unsichtbar machte.

Jetzt bin ich hier,
meine Geschichte eine von vielen,
ein Bestandteil des gesamten Songs, welcher der Soundtrack zu
dieser wohltuenden Dunkelheit ist.

Zeitfracht Medien GmbH
Ferdinand-Jühlke-Straße 7
99095 Erfurt, Deutschland
produktsicherheit@kolibri360.de